Birgit Pauls

Piraten, Strandräuber und moderne Raubritter

Birgit Pauls

Piraten, Strandräuber und moderne Raubritter

1. Auflage 2012

Bibliografische Information der Deutschen Bibliothek

Die Deutsche Bibliothek verzeichnet diese Publikation in der Deutschen Nationalbibliografie; detaillierte bibliografische Daten sind im Internet über http://dnb.ddb.de abrufbar.

ISBN 978-3-8448-0291-7
© Birgit Pauls 2012

Herstellung und Verlag:
BoD – Books on Demand, Norderstedt

Covergestaltung:
Birgit Pauls mit BOD Easy Cover

Foto: Jörg Krüger

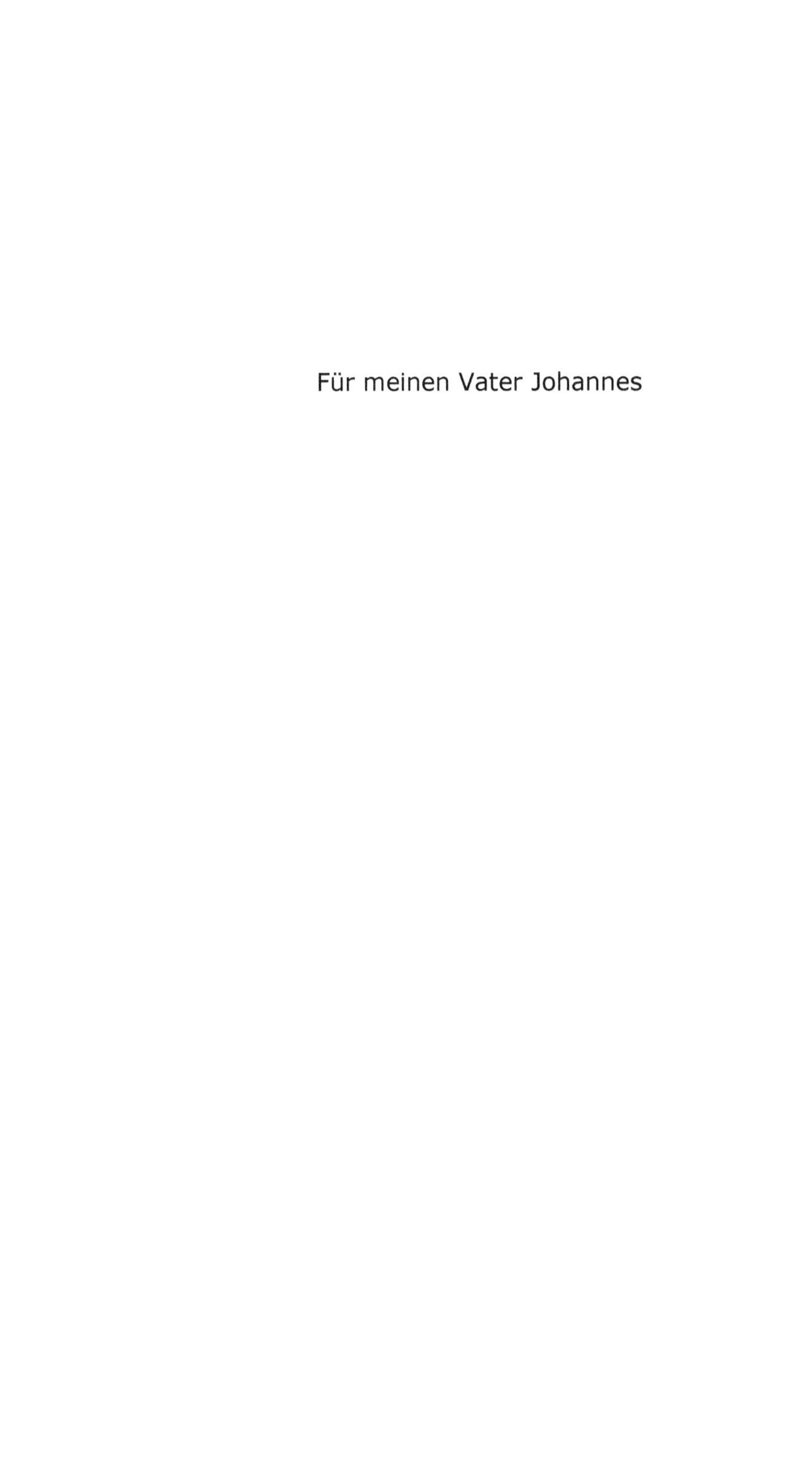

Für meinen Vater Johannes

Inhaltsverzeichnis

Vorwort 9

Abzocke im Wandel der Zeiten gestern 11

Piraten an der Küste 13

   De Likedeelers 13

   Abel Reimer und Ralves Karsten 17

   Cord Widderich 19

   Pidder Lüng 20

   Claus Kniphoff 22

   Hilligelanders 22

Die Wogemannen 25

Die Wikinger 27

Standraub an der Küste 31

Ein von Korsaren geraubter Nordfriese 35

Anzocke im Wandel der Zeiten: heute 37

Beutelschneiderei 39

Der Klassiker: Post von der Bank 39

Geld vom Finanzamt 40

Die sogenannten Verbraucherschützer 41

Goldgrube Müll 43

Altpapier..43

Elektroschrott.....................................44

Überfall auf die Herberge 47

Rückzahlungen 47

Operationsbasis für Kriminelle 48

Moderne Kaperfahrt 51

Tausche Geschenk gegen Daten.............51

Gefährliche Fundsachen 53

Die Pokerrunde....................................53

Die Autorin 56

Geschichten und Sagen über Piraten und Strandräuber an der Nordseeküste gibt es viele. Sie waren immer auf der Suche nach Geld, Gold und anderen Schätzen. Heute sind die modernen Raubritter nicht mehr sichtbar, wenn sie ihre Beute überfallen, denn sie handeln im Verborgenen, meist über Telefon und Internet. Um an das Geld zukommen, rauben sie nicht mehr Gold, Schiffsfrachten und Vieh, sondern Daten und Informationen. Daher wird es immer wichtiger, seine Privatsphäre zu schützen und sorgsam mit den eigenen Daten und den Daten anderer umzugehen.

Raubzüge gestern und heute – Der erste Teil dieses Buches berichtet über historisch belegte Seeräuber und Sagengestalten, die in früheren Zeiten an der schleswig-holsteinischen Westküste ihr Unwesen trieben. Im zweiten Teil wird anhand typischer Fälle aus der Berufspraxis einer Datenschützerin beschrieben, wie heute weltweit versucht wird, Informationen und Daten zu kriminellen Zwecken zu nutzen.

Abschließend noch ein Hinweis: Dieses Buch wendet sich gleichermaßen an männliche und weibliche Leser. Aus Gründen der Vereinfachung und der besseren Lesbarkeit wurde überwiegend die männliche Form gewählt.

Birgit Pauls

Tönning im September 2012

Abzocke im Wandel der Zeiten gestern

Überall an der Nordseeküste werden Piratenfahrten als touristisches Programm angeboten, Straßen und Wege nach Störtebeker und den Wikingern benannt. Eine Reederei, deren Fähren zwischen den Nordfriesischen Inseln und dem Festland verkehren, hatte immer wieder Schiffe mit dem Namen Pidder Lüng im Dienst.

Wer waren diese Menschen, die heute als Helden an der Nordseeküste verehrt werden?

Im ersten Teil dieses Buches werden Piraten und Strandräuber vorgestellt, die früher an der Nordsee ihr Unwesen trieben. Ein Teil davon ist Sage, andere sind historisch belegt.

De Likedeelers

Zu den bekanntesten Piraten früherer Zeit gehört Klaus Störtebeker. Viele Straßen an der Küste sind nach ihm benannt, auch viele touristische Attraktionen haben den Störtebeker im Namen. Ich erinnere mich an meine Kindheit, in der jeder Schüler unserer Schule wohl mindestens einmal in seiner Grundschulzeit eine Klassenreise nach Schwabstedt und in die umliegenden Wälder machte. Es war die Gegend, in der Störtebeker sich regelmäßig vor den Verfolgern aus Hamburg versteckt haben soll. Wir Schüler gruselten uns im dunklen Wald, die Seeräuber waren für uns damals noch sehr präsent. Einige wenige Mutige kratzen mit Stöcken den Boden auf und hofften, einen Teil von Störtebekers legendärem Schatz zu finden.

„De Likedeelers" – „Gleichteiler", so nannten sich Mitglieder einer Bruderschaft um 1400, die auch als Vitalienbrüder bekannt sind. Störtebeker ist wohl der bekannteste der Likedeeler. Weitere berüchtigte Kapitäne dieser Bruderschaft waren die Kapitäne Gödeke Michels, Hennig Wichmann, Klaus Scheld und Magister Wigbold.

Sie waren zum Teil einfache Piraten, zum Teil aber auch von Mecklenburg mit Kaperbriefen ausgestattet, da Mecklenburg dem Dänenkönig schaden wollte, der die weit reichenden Handelsprivilegien der Hanse bestätigte. Man geht davon aus, dass sich auch mecklenburgische Adlige unter den Vitalienbrüdern befanden. Eine Zeitlang fanden die Liekedeeler Zuflucht auf der Ostseeinsel Gotland, da sie auch den schwedischen König gegen die Dänen unterstützten.

Wer war Klaus Störtebeker? Sehr wahrscheinlich ist, dass er unter einem anderen Namen geboren wurde. Er muss ein trinkfester Geselle gewesen sein, denn der Sage nach soll er häufiger einen mehrere Liter Bier oder Wein fassenden Krug in einem Zug geleert haben. Sein Name bezieht sich wohl auf seine Fähigkeit, den Inhalt eines Bechers einfach herunterzustürzen („Stürz den Becher").

Über die Herkunft Störtebekers ist wenig bekannt. Einige Quellen vermuten, dass er aus einem mecklenburgischen Adelsgeschlecht entstammt und in Wismar geboren wurde. Andere vermuten, dass er entweder aus Ostfriesland oder aus der Gegend um Rotenburg/Wümme stammte.

Um Störtebeker ranken sich viele Sagen. So soll er sich mit einem Burghauptmann in der Nähe des einstigen Bischofsitzes Schwabstedt an der Treene verbündet haben. Bei Gefahr fuhr Störtebeker Eider und Treene hinauf und versteckte sich bei Holbek. Es wird berichtet, dass er auf einem Gelage bei Hude eine erbeutete goldene Ankerkette präsentiert hat. Als plötzlich Feinde erschienen, konnte er die Ankerkette nicht auf der Flucht mitnehmen und versenkte sie im Moor.

Nach diesen Schätzen wurde in den vergangenen Jahrhunderten häufig gesucht, bis heute wurden sie nicht gefunden. Belegt ist jedoch die Anwesenheit von Seeräubern auf dem bischöflichen Schloss bei Schwabstedt im Jahre 1466. Da Störtebeker aber bereits 1401 in Hamburg hingerichtet wurde, müssen es wohl andere Seeräuber gewesen sein, die sich in der Gegend aufhielten.

Weitere Verstecke von Störtebeker sollen der Bombüllhof in Klanxbüll im nördlichen Nordfriesland und die Helgoländer Düne gewesen sein. Auf Helgoland soll er seine Schätze in einer Grotte am Fuß des roten Felsens versteckt haben. Auch hier konnten die sagenumwobenen Schätze bisher nicht gefunden werden.

Helgoland wurde Störtebeker allerdings zum Verhängnis: Nachdem er den Handel von Hamburg nach England und Holland immer wieder durch seine Überfälle störte, machte die hamburgische Flotte unter Simon von Utrecht Jagd auf ihn. Bei einer Seeschlacht vor Helgoland wurden Störtebeker und seine Männer gefangen genommen, nach Hamburg gebracht und dort im Jahr 1401 auf dem Grasbrook hingerichtet.

Wie konnte es passieren, dass der schlaue Störtebeker, der seinen Verfolgern mit seinem schnellen Schiff immer wieder entkam und zahllose Verstecke auf Inseln und Festland hatte, nun doch gefasst wurde? Die Legende berichtet, dass Störtebeker einen Verräter in den Reihen hatte, der flüssiges Blei in die Ruderanlage goss und das Schiff manövrierunfähig machte. Es ist allerdings schwer vorstellbar, wie ein einzelner Mann es schaffte, während einer Verfolgungsjagd eine so große Menge Blei zu erhitzen und in die Ruderanlage zu füllen. Wahrscheinlicher klingt eine andere Geschichte: Es kam zu einem Gefecht, bei dem die Kanonen der Bunten Kuh den Hauptmast von Störtebekers Schiff zerstörten.

Auch die Hinrichtung Störtebekers soll recht spektakulär verlaufen sein. Er hat der Sage nach mit dem Hamburger Bürgermeister Kersten Miles ausgehandelt, dass diejenigen seiner Männer, an denen er nach seiner Enthauptung noch vorbeilaufen konnte, frei sein sollten. Angeblich soll der Geköpfte an zehn seiner Männer vorbeigekommen sein, bevor ihm der Henker ein Bein stellte.

Bis heute ist er unvergessen: "Gottes Freund - der Welt Feind!"

Abel Reimer und Ralves Karsten

Noch heute ist das Verhältnis zwischen Dithmarschern und Hamburgern meist sehr kühl. Grund dafür sind die Raubzüge zahlreicher Dithmarscher gegen Hamburgs Kaufleute und die Insel Neuwerk in der Elbmündung, die trotz der Entfernung von mehr 100 Kilometern vom Stadtzentrum zu Hamburg gehört. Auf Neuwerk befindet sich das älteste Gebäude Hamburgs, der um 1300 gebaute Leuchtturm, der die Einfahrt in die Elbe markiert und in der Vergangenheit auch vor Seeräubern schützen sollte.

Der Dithmarscher Reimer Abel, ein Bewohner des Wesselburener Strandes soll sich mit den Vitalienbrüdern verbündet haben. Die Hamburger fingen und töteten ihn. Damit begann die lange Fehde zwischen Dithmarschern und

Hamburgern. Der Vogt Ralves Karsten aus Norddeich vertrat die Ansicht, dass die Hamburger sich damit in die Belange Dithmarschen eingemischt hätten. Nach dem Gesetz hätte der Seeräuber an die Dithmarscher Gerichtsbarkeit ausgeliefert werden müssen. Er rüstete eine Flotte aus, überfiel bei die 1429 bei Norddeich liegende Hamburger Flotte und erschlug 108 Hamburger. Danach überfiel er die zu Hamburg gehörende Insel Neuwerk.

Die Dithmarscher spalteten sich in zwei Lager: Die Hamburg wohlgesonnenen Kirchspiele schlossen sich unter der Führung von Kruse Johann zusammen. Die Gründungsversammlung dieses Bundes sollte an einem neutralen Ort stattfinden. Man traf sich „auf der Heide" zwischen Rüsdorf und Rickelshof. Dort befindet sich heute Deutschlands größter Marktplatz in der Stadt Heide.

Ralves Karsten blieb – wie viele andere Dithmarscher – weiterhin ein Feind der Hamburger und fand ein übles Ende: Er soll von durch seine Frau angestiftete Meuchelmörder am 25. März 1435 auf dem Friedhof von Wesselburen ermordet worden sein.

Cord Widderich

Cord Widderich ist eine weitere interessante Gestalt des Mittelalters an der Westküste. Auch um ihn ranken sich zahlreiche Legenden. Er soll ein Heerführer aus Dithmarschen gewesen sein, wurde später als Seeräuber bezeichnet. Einige Quellen berichten, dass er im 15. Jahrhundert die Insel Pellworm überfallen und das Taufbecken aus der Kirche geraubt hat. Andere behaupten sogar, dass er sein Hauptquartier in der Kirche von Pellworm aufgeschlagen haben soll. Wenn vom Turm aus Schiffe gesichtet wurden, rief er seine Leute durch Läuten der Kirchenglocke zu sich. Nachts zündeten sie Feuer am Strand an, um Schiffe in flaches Gewässer zu locken und sie dort zu plündern.

Ab 1412 lebte Widderich auf der Insel Büsum. Der Ort Büsum selbst existierte zu dieser Zeit noch nicht, auf der Insel gab es mehrere Dörfer. Heute ist das Gebiet durch Landgewinnung Teil des Festlandes. Der Südteil der Insel ist durch zahlreiche Sturmfluten im Meer versunken.

Auch die Insel Büsum soll immer wieder ein Zufluchtsort von Piraten gewesen sein. Der auf der Insel gelegene Ort Middlestorp wurde

1482 von den Hamburgern zerstört – wahrscheinlich ein Rachezug gegen Piraten, die immer wieder die Handelsrouten der Hanse überfielen, oder gegen die den Hamburg nicht freundlich gesinnten Einwohnern der Insel.

Damit die Büsumer ihm Unterschlupf als Kaufmann gewährten, soll Cord Widderich ihnen das Taufbecken für die neu erbaute Kirche geschenkt haben. Die Sagen erzählen, dass er das Taufbecken während seiner Zeit als Pirat von der Insel Pellworm geraubt habe.

Pidder Lüng

„Lever duad as slav" (Lieber tot als Sklave) – wer kennt den nordfriesischen Wappenspruch nicht? Spätestens seit Achim Reichel die Ballade des Dichters von Liliencron über Pidder Lüng vertonte, sind der Spruch der freiheitsliebenden Friesen und der Name des widerspenstigen Sylter Fischersohnes auch außerhalb der Grenzen Nordfrieslands bekannt.

Lange bevor Hörnum um 1900 an der Südspitze der Insel Sylt gegründet wurde, war dies ein Unterschlupf für Piraten und Strandräuber. Sie versteckten sich im Budersand, einer riesigen Düne im Osten, die ihre Bezeichnung von den darauf gebauten Hütten erhalten haben soll.

Auch der ehemalige Fischersohn Pidder Lüng versteckte sich hier auf der Flucht vor der dänischen Obrigkeit.

Die Geschichte erzählt, dass der dänische Steuereintreiber – der Amtmann von Tondern Henning Pogwisch – das Haus der Familie Lüng besuchte, in dem grade das Essen, ein großer Topf voll Kohl zubereitet wurde. Die armen Friesen verwiesen auf das Gewohnheitsrecht der Fischer, den Dänen keine Steuern zu zahlen. Als Pogwisch der Familie verächtlich ins Essen spuckt, drückte Lüng den Kopf des Amtmannes so lange in den Kohl, bis er erstickt war.

Obwohl Pidder Lüng auch heute noch als Freiheitskämpfer gegen die Dänen bezeichnet wird, nahm sein Leben ein unrühmliches Ende: Er wurde von einem Sylter Wirt betrunken gemacht, an den Richter ausgeliefert und von den eigenen Landsleuten auf dem Galgenhügel von Munkmarsch (Sylt) gehängt.

Claus Kniphoff

Sicher ist, dass Claus Kniphoff in der Nordsee sein Unwesen trieb. Ob er auch die Küsten Nordfrieslands und Dithmarschens besuchte, ist nicht bekannt.

Er soll ein Sohn des Bürgermeisters von Malmö gewesen sein und war dänischer Admiral. Vom dänischen König mit einem Kaperbrief ausgerüstet überfiel er die Schiffe der Hansekaufleute. Möglicherweise versteckte er sich zeitweise auch auf dem Gebiet der heutigen Insel Föhr. Es wird berichtet, dass ein Pirat in dänischen Diensten einen Unterschlupf in der Westerharde hatte.

Kniphoff wurde im Herbst 1525 von einer Hamburger Flotte gefangen genommen und im Oktober 1525 auf dem Grasbrook hingerichtet.

Hilligelanders

Im Ordinger Berg – auch Düwelswarft genannt – soll der Teufel der Sage nach einen Schatz von Seeräubern bewachen.

Vergraben wurde der Schatz von den Hilligelanders, den Helgoländern, die im Sommer auf

Helgoland lebten und von dort auf Heringsfang gingen und bis ins 16. Jahrhundert auf dem Festland im Gebiet des heutigen St. Peter Ording überwinterten.

Die Gegend um St. Peter Ording ohne natürlichen Hafen mit vielen Sanddünen war ein sehr armer Landstrich. Die Bewohner waren der Meinung, dass die Hilligelanders entweder Piraten oder mit dem Teufel im Bunde seien, wahrscheinlich sogar beides. Aus der Sicht der armen Festlandbewohner verfügten die Helgoländer über unermessliche Reichtümer, die nicht auf ehrlichem Weg erworben sein könnten.

Um an den Schatz zu gelangen, soll man ihn zu Mitternacht in einer Vollmondnacht ausgraben und darf dabei kein Wort sprechen. Dann muss der Teufel den Schatz der Sage nach freigeben. Bisher ist es aber noch niemanden gelungen, an diesen sagenumwobenen Schatz zu kommen.

Die Wogemannen

Dunkle gruselige Gestalten verbinde ich mit den Wogemannen: Reiselustig war ich schon als Kind und verbrachte meine Nachmittage oft nicht – wie vorgeben – bei einer Freundin, sondern fuhr mit dem Fahrrad allein kreuz und quer durch Eiderstedt und interessierte mich dabei besonders für die Nordwestecke, die ehemalige Insel Westerhever und die Warft Stufhusen mit dem Haubarg direkt am Meer.

Wenn ich mal wieder von einer älteren weiblichen Verwandten dabei erwischt wurde, warnte sie mich vor der Wogemannsburg, wo auch heute noch unter der Erde Jungfrauen von düsteren Kämpfern aus der Vergangenheit gefangen gehalten werden. Da sie ständig auf der Suche nach Nachschub seien, würden sie auch heute noch Jungfrauen rauben, die sich zu nahe an die Wogemannburg heran trauen.

Was verbirgt sich hinter diesen Sagengestalten?

Am 16. Februar 1362 ging der Ort Rungholt auf der Insel Strand bei einer verheerenden Sturmflut – Grote Mandränke oder auch Zweite Marcellusflut genannt – unter. Die Chroniken berichten von vielen Tausend Toten an der Nordseeküste.

Zahlreiche der überlebenden Fischer und Bauern taten sich zusammen, ließen sich bei Westerhever nieder und bauten dort eine Trutzburg, die Wogemannsburg. Die Burg ist längst zerstört, auf der Warft wurde gegen 1650 ein Haubarg gebaut, der bis ins 20. Jahrhundert gleichzeitig als Pastorat diente.

Die sogenannten Wogemänner überfielen kleine Gehöfte und Handelsschiffe. Nachdem sie angeblich sechzehn Eiderstedter Jungfrauen geraubt haben sollen, tat sich die Bevölkerung unter dem Staller Owe Hering zusammen. Durch Verrat konnte das Freiwilligenheer 1370 die Wogemannenburg einnehmen, 60 Wogemänner wurden hingerichtet, indem sie an der Prielkante geköpft und ihre Körper ins Meer geworfen wurden.

Die Burg wurde anschließend zerstört, die Steine und das übrige Baumaterial sollen zum Bau der Kirche und des Pastorates von Westerhever verwendet worden sein.

Der sagenumwobene Schatz der Wogemannen wurde bis heute allerdings nicht gefunden.

Die Wikinger

Wer waren die Wikinger? Jeder glaubt sie zu kennen, die Männer mit ihren Drachenbooten und den gehörten Helmen, die Europas Küsten unsicher machen und sogar Amerika entdecken. Wickie und die starken Männer kennt jedes Kind, auch Hägar der Schreckliche ist sehr beliebt. Dabei geben die Wikinger den Historikern noch immer viele Rätsel auf.

Als Wikingerzeit wird etwa die Zeit vom 790 bis 1066 bezeichnet. Das altnordische Wort vikingr bedeutet Räuber oder Plünderer. Im kargen Skandinavien führen die verarmten Menschen oft auf viking, d.h. sie unternahmen Raubzüge. Bekannt sind der Überfall auf das Kloster Lindisfarne vor der Küste Nordenglands im Jahre 793, der Überfall auf die Hammaburg – das heutige Hamburg – ihm Jahre 800 oder auch der Überfall der Wikinger auf Paris im Jahre 885. Die Wikinger wurden in den Berichten über Überfälle auf England und Frankreich auch als Normannen bezeichnet, selbst die Araber berichten von Überfällen durch Wikinger.

Die Einwohner der Insel Föhr versuchten sich vor den Raubzügen der Wikinger zu schützen, indem sie einen mächtigen Ringwall, die auch heute noch vorhandene Lembecksburg in Borgsum, bauten.

Nicht alle Wikinger waren Räuber. Viele trieben Handel und ließen sich als Handwerker nieder. Bekannt ist die Wikingerstadt Haithabu an der Schlei in der Nähe des heutigen Schleswig. Diese Stadt wurde 1066 während einer Schlacht vollständig zerstört.

Der Nordseehafen der Wikinger war wahrscheinlich Hollingstedt an der Treene. Genaues ist nicht bekannt, hatte die Schleswig-Holsteinische Nordseeküste zu Zeiten der Wikinger doch einen ganz anderen Küstenverlauf als heute.

Zwischen Hollingstedt und Haithabu verläuft das Dannewerk, eine Befestigungsanlage, deren Wälle bis heute noch in Teilen erkennbar sind. Es diente als Schutz des Handelsweges von Hollingstedt nach Haithabu, über den die Wikinger ihre Waren von der Nordsee zur Ostsee brachten.

Haithabu war im 10 Jahrhundert mit schätzungsweise 1.000 bis 1.500 Einwohnern ein bedeutender Handelsplatz, kreuzten sich hier doch zwei bedeutende Handelsrouten: Der von Hamburg nach Viborg verlaufende Ochsenweg – im dänischen Heerweg genannt –

und eine Seehandelroute zwischen Nord- und Ostsee. In Haithabu wurden Rohstoffe aus Skandinavien und dem Baltikum sowie Waren aus Konstantinopel und Bagdad gehandelt. Wahrscheinlich wurde dort auch mit Sklaven gehandelt.

Auch arabische Händler besuchten Haithabu, bekannt sind die Reiseberichte des Ibrahim ibn Yaqub, eines Gesandten des Kalifen von Cordoba.

In der Nähe von Haithabu wurde auch das bislang einzige Bootsgrab der Wikinger in Deutschland entdeckt. Die Wikinger bestatten hochrangige Persönlichkeiten mit ihren Dienern, Pferden und zahlreichen Waffen in Schiffen. Eine solche Bestattung wird in einem Reisebericht des Ibn Fadlans beschrieben, der Basis für den Film „Der 13. Krieger" war.

Skandinavische Kaufleute fuhren in den finnischen Meerbusen und reisten weiter über die Flüsse Wolga und Dnepr, um Handel zu treiben.

Wikinger standen auch im Dienst des byzantinischen Kaisers. Die berühmte Warängergarde unterstützte den Kaiser und die kampferprobten Skandinavier stellten häufig auch seine Leibgarde.

Die Wikingerzeit endete 1066. Es war das Jahr in dem Wilhelm der Eroberer England unterwarf und die Stadt Haithabu in Schleswig-Holstein zerstört wurde.

Heute noch sind viele Menschen der Meinung, dass Strandgut keine Fundsache ist, sondern dem Finder ohne Einschränkung zusteht. Diese Rechtsprechung galt viele Jahrhunderte, ist aber längst geändert.

Strandraub war unter den armen Küstenbewohnern weit verbreitet, um das Überleben zu sichern. Viele Strandräuber waren Kleinbauern oder Fischer, die an kargen sandigen Landstrichen ohne Häfen um ihr Überleben kämpften.

Das Strandrecht im Mittelalter sah vor, dass die Küstenbewohner den Strand in jeder Hinsicht nutzen durften, auch indem sie sich gestrandete Schiffe, das von auf See havarierten Schiffen angetriebene Strandgut oder das Gepäck von Schiffbrüchigen aneigneten. Das Gesetz wurde vom Staat immer mehr eingeschränkt, das Strandgut den Landesfürsten zugesprochen. Damit ging den armen Küstenbewohnern eine wichtige Einnahmequelle verloren.

Die harmlosen Strandräuber suchten die Küsten nach Strandgut ab, das nach geltendem Recht meist den Landesfürsten gehörte. Der flächendeckende Bau von Leuchttürmen und die Ausstattung fast aller Schiffe mit aktuellen

Seekarten, machte dieser Art von Einkommenserwerb im 19. Jahrhundert ein Ende.

War im Strandrecht vorgesehen, dass nur gestrandete Schiffe ohne Überlebende als Strandgut galten, hatten die Überlebenden meist keine Chance. Durch den Schiffbruch geschwächt boten sie meist wenig Gegenwehr, wenn die Strandräuber über sie herfielen.

Es kam aber auch vor, dass die Strandräuber aktiv dafür sorgten, dass das Strandgut den Weg zu ihnen fand. Dazu wurden falsche Leuchtfeuer angezündet oder Leuchtfeuer versetzt, um Schiffe in Untiefen oder auf den Strand zu locken.

Die Gegend um St. Peter Ording gehörte einst zu den ärmsten Landstrichen Nordfrieslands. Ein Hafen konnte nicht angelegt werden, die Landwirtschaft warf wegen des sandigen und teilweise versalzenen Bodens wenig ab. Die sogenannten Hitzlöper durchsuchten den Flutsaum und versteckten die wertvollen Gegenstände, die eigentlich der Obrigkeit ausgeliefert werden mussten.

Strandraub war in den Uthlanden – den dem Festland vorgelagerten Inseln und Halligen Nordfrieslands, die zum Teil inzwischen im

Meer versunken sind – weit verbreitet. Er wurde unter anderem auf Amrum und der Hallig Südfall betrieben. Im Jahr 1816 wurde auf Amrum fast ein Viertel der männlichen Bevölkerung wegen Strandraub zu mehrtägigen Gefängnisstrafen verurteilt.

Viele Dithmarscher betrieben in großem Maße Strandraub. Einige der Dithmarscher Kirchspiele schlossen Verträge mit der frühen Hanse, in denen sie versprachen, den Strandraub abzuschaffen sicherten den Schutz der Hansekaufleute, ihrer Fahrzeuge und Waren zu. Büsum gehörte nicht zu diesen Kirchspielen. Hier wurde munter weiter am Strand geräubert.

Auch die Bewohner Helgolands bestritten in früheren Zeiten neben dem Fischfang einen Teil ihrer Einkünfte aus der Bergung von Strandgut.

Ein von Korsaren geraubter Nordfriese

Zu guter Letzt noch eine Geschichte, die eher nach Sage klingt, sich aber tatsächlich ereignet hat: Ein Nordfriese musste unfreiwillig weit reisen, wurde als Sklave verkauft, wegen militärischer Erfolge wieder freigelassen und kehrte nach mehr als zehn Jahren in seine Heimat zurück.

Als Korsaren wurden die Seeräuber der Nordküste Afrikas bezeichnet. Sie waren hauptsächlich im Mittelmeer aktiv, raubten die Frachten von Handelsschiffen und verkauften die Gefangenen in die Sklaverei. Außerdem überfielen sie Dörfer und kleinere Städte an den Küsten.

Einige Korsaren dehnten ihre Raubzüge bis nach Nordeuropa aus. So wurden auch Städte in Irland und England, ja sogar Island von Korsaren überfallen.

Der auf der Insel Amrum geborene Matrose Hark Olufs war auf einem Schiff seines Vaters im Jahre 1724 von Nantes nach Amrum unterwegs, als das Schiff von algerischen Korsaren aufgebracht wurde. Da seine Familie das von den Korsaren geforderte Lösegeld nicht aufbringen konnte, wurde Olufs auf dem Sklavenmarkt von Algier verkauft. Als Sklave des

Beys von Constantine gelang ihm ein märchenhafter Aufstieg: Er stieg von Lakai zum Schatzmeister auf, wurde dann Kommandeur der Leibgarde und wurde 1732 Oberbefehlshaber der Kavallerie. Nachdem er 1735 an der Eroberung von Tunis durch die algerische Armee beteiligt war, wurde er zum Dank freigelassen und kehrte nach Amrum zurück, wo er 1754 starb. Sein Grabstein mit einer Kurzbiographie kann noch heute auf dem Friedhof von Nebel auf Amrum besichtigt werden.

Anzocke im Wandel der Zeiten: heute

Geld und Gold ist den Menschen noch immer wichtig. Hinzu kommt aber noch ein neues Handelsgut: Wurden im Mittelalter Gewürze mit Gold aufgewogen und Straßen für den Handel mit Salz und Ochsen gebaut, so sind heute Daten eine begehrte Handelsware.

Die Wahrscheinlichkeit erwischt zu werden ist im 21. Jahrhundert deutlich geringer: Musste man früher Aug in Aug mit seinem Opfer stehen, um es auszurauben oder den Beutel mit Geld vom Gürtel zu schneiden, so kann der Täter heute Hunderte von Kilometern entfernt agieren, ohne sein Opfer je zu Gesicht zu bekommen.

Daten werden von Unternehmen gehandelt, die potentielle Kunden gezielt ansprechen wollen. Eine andere, immer noch legale Möglichkeit an das Geld der Menschen zu kommen ist es, Waren und Dienstleistungen, die eigentlich niemand braucht, anzubieten und zu hohen Preise abzurechnen.

Es gibt aber auch zahlreiche schwarze Schafe, die Bankverbindungen und Kreditkartennummern auf dem Schwarzmarkt anbieten, um sie gewinnbringend zu verkaufen. Die Käufer nutzen die Daten dann, um die Konten abzuräumen. Es ist ein lohnendes Geschäft, werden doch auf dem Schwarzmarkt hohe Preise für illegal beschaffte Informationen über Kreditkarten und EC-Karten bezahlt.

In den nachfolgenden Kapiteln werden einige Bespiele aufgezeigt, wie – leider viel zu oft erfolgreich – versucht wird, an Geld oder Daten zu kommen.

Der Klassiker: Post von der Bank

Der Trick ist fast so alt wie die Kombination von Internet und Online-Banking in Privathaushalten, scheint aber noch immer zu funktionieren: Es kommt eine E-Mail von einer Bank. In dieser E-Mail wird dem Leser mitgeteilt, dass es so viele Betrüger gäbe und die Bank daher die Sicherheit ihrer Software erhöht habe. Damit der Kunde weiterhin am Online-Banking teilnehmen kann, soll er sich nun auf der Webseite der Bank, für die der Link bequemerweise gleich mitgeliefert wird, mit seinem Benutzernamen und Passwort anmelden. Anschließend wird er mittels Formular aufgefordert, seine TAN-Nummern einzugeben.

Fein denkt sich nun der Bankkunde, ich habe etwas für die Sicherheit meines Bankkontos getan. Weit gefehlt – durch die Umleitung des Kunden auf eine manipulierte Webseite, die der Webseite der Bank ähnlich sieht, gibt der ahnungslose Kunde seine Zugangsdaten an kriminelle Elemente, die dann sein Konto per Überweisung auf ein Auslandskonto zur Barauszahlung auf einem anderen Kontinent abräumen. Leider scheint es für diesen uralten Trick noch immer ausreichend Opfer zu geben.

Geld vom Finanzamt

Viele Menschen freuten sich Anfang 2011, als sie Post vom Bundesministerium für Finanzen erhielten. In dem Schreiben wurde ihnen mitgeteilt, dass wegen eines Fehlers zu hohe Einkommensteuerbeträge errechnet wurden. Nun sei der Fehler korrigiert worden. Die Betroffenen sollten der Bundesfinanzdirektion ihre Bankverbindung mitteilen, damit die zu viel entrichtete Steuer erstattet werden könne.

Große Freude – ist doch schön, wenn man Geld vom Staat zurückbekommt. Irritationen gab es erst, als keine Rückzahlung vom Staat kam, sondern merkwürdige Abbuchungen vom Konto durch unbekannte Absender erfolgten. Der Widerspruch gegen diese Abbuchungen lief meist ins Leere: Entweder waren die Konten, von denen die Abbuchungen erfolgten, bereits abgeräumt und nicht mehr gedeckt oder bereits komplett aufgelöst.

Tipp: Für die Berechnung und Korrektur von Einkommensteuerbescheiden ist das örtliche Finanzamt zuständig. Und das hat üblicherweise die Bankverbindung für mögliche Rückzahlungen. Und kritisch sein: Nur weil ein Schreiben von offizieller Seite zu kommen scheint, sollte das Schreiben genau geprüft werden. Nicht immer stammt es vom angeblichen Absender.

Die sogenannten Verbraucherschützer

Endlich gut aufgehoben fühlten sich Teilnehmer an Glückspielen, die inzwischen durch die ganzen Werbeanrufe und Werbemails genervt waren, die auf die Glückspielteilnahme folgten: Ein „Berliner Datenschutzzentrum" oder eine „Stelle für Verbraucherschutz" boten ihre Hilfe an. Gegen eine Gebühr von 60 Euro im Monat würde dafür gesorgt werden, dass keine unerwünschten Anrufe mehr erfolgen. Die Kontonummer, von der die Beträge abgebucht werden sollten, wurde bei dem Telefonat gleich abgefragt. Andere Anrufer boten an, Gewinnspieldaten löschen zu lassen. Teilweise nannten die vorgeblichen Daten- oder Verbrauchschützer am Telefon schon die korrekte Kontonummer des Angerufenen, um die Information zu verifizieren.

Die Annahme dieses Angebotes war allerdings zum Fenster hinausgeworfenes Geld: Es gab nicht weniger Anrufe – ganz im Gegenteil. Die inzwischen verifizierte Telefonnummer und die Bankverbindung wurden gewinnbringend weiterverkauft. Zahlreiche Unternehmen versuchten ihre Rechnungen für angebliche Lieferungen vom Konto abzubuchen. Es waren ganz schwarze Schafe, die sich als Daten- oder Verbraucherschützer ausgaben, um an Daten gutgläubiger Menschen zu gelangen.

Mitarbeiter von Datenschutzaufsichtsbehörden oder Verbraucherschutzorganisationen rufen in der Regel nicht bei Privatpersonen an, sondern reagieren nur auf Eingaben, die vorher von der entsprechenden Person gemacht wurden. Vor allem fragen sie nicht nach der Bankverbindung und haben für Rückrufe eine normale Festnetznummer, keine 0900-er Nummer, wie sie die angeblichen Daten- und Verbraucherschützer für Rückrufe angaben.

Altpapier

Es gibt inzwischen weit einfachere Möglichkeiten um an die Bankdaten unserer Mitmenschen zu kommen, als Webseiten zu manipulieren und Phishing-Mails zu versenden. Lohnend ist immer wieder ein Blick in die Mülleimer in den Selbstbedienungszonen der Geldinstitute. Sicher – man hört immer wieder von manipulierten Geldautomaten oder Türöffnern, über die Geheimzahl und Bankverbindung abgefragt werden und ist entsprechend vorsichtig. So viel kriminelle Energie ist aber nicht notwendig, um an die Kombination von Name des Kontoinhabers, Kontonummer und Bankleitzahl sowie IBAN und SWIFT-Code für den internationalen Zahlungsverkehr zu kommen und anschließend Abbuchungen vom Konto durchzuführen. Viele Menschen werfen den Beleg mit der Meldung, dass keine Kontobewegungen seit dem letzten Druck eines Kontoauszugs stattgefunden haben, einfach in den Mülleimer neben dem Auszugsdrucker. Keine gute Idee, denn sie enthalten immer den Namen des Kontoinhabers und die Kontodaten.

Noch lohnender können die Mülleimer von Geschäften sein, in denen mit Kreditkarte und EC-Karte gezahlt werden kann. Gehen die Inhaber von Kreditkarten noch halbwegs sorgsam mit ihren Belegen um, so landen die Kassenbons nach Zahlung mit EC-Karte schnell im Müll. Dabei enthalten auch diese unscheinbaren Papierschnipsel häufig alle Informationen, die man benötigt, um probehalber vom Bankkonto abzubuchen und zu prüfen, ob der Überfallene es merkt.

Die Zahlungsbelege mit diesen sensiblen Daten sollten nicht einfach weggeworfen werden. Auch zuhause gehören sie nicht ins Altpapier, sondern sollten mit Hilfe eines Aktenvernichters, auch Reißwolf oder Schredder genannt, zerkleinert werden. Aktenvernichter für kleineren Durchsatz, die der Sicherheitsstufe für vertrauliches Schriftgut (Sicherheitsstufe 3 nach DIN 32757) genügen, sind inzwischen für jedermann erschwinglich.

Elektroschrott

Der Speicherplatz von Smartphones, USB-Sticks und Festplatten ist nahezu unerschöpflich. Durch den technischen Fortschritt sind diese Speichermedien nach relativ kurzer Zeit veraltet, in den meisten Fällen aber noch intakt.

Vor Freude über den Erwerb eines neuen Gerätes, das noch besser und noch schneller ist, sowie über noch viel mehr Speicherplatz verfügt, vergisst der Besitzer oft, welch kritische Daten auf dem Altgerät gespeichert sind. Das Gerät landet entweder irgendwo zur Entsorgung oder wird als gebrauchtes Gerät verkauft. Der glückliche neue Besitzer freut sich dann über die viele Daten, die er gewinnbringend verkaufen kann.

Vor der Entsorgung von Elektroschrott sollte darauf geachtet werden, dass die Daten vorher vernichtet werden. Auch beim Austausch defekter Festplatten, Smartphones oder anderer Technik im Rahmen einer Gewährleistung muss sicher gestellt sein, dass die Daten nicht in falsche Hände geraten. Für Unternehmen ist es ein Muss, doch auch im Privatbereich sollten entsprechende Vereinbarungen zur datenschutzgerechten Entsorgung von Datenträgern mit kompetenten Entsorgern abgeschlossen werden.

Rückzahlungen

Mit einem beliebten Trick werden seit Jahren immer wieder gutgläubige Vermieter von Hotels und Ferienwohnungen abgezockt: Interessenten aus dem Ausland melden sich per E-Mail oder Telefon bei den Vermietern, um Zimmer oder Wohnungen für eine größere Gruppe oder einen längeren Zeitraum zu mieten. Sie machen einen seriösen Eindruck, geben sich als Mitarbeiter bekannter Organisationen oder kirchlicher Vereinigungen aus. Um ihre Ernsthaftigkeit zu beweisen, kommt kurz nach der Buchung eine Vorauszahlung in Form eines Schecks einer ausländischen Bank, der versehentlich über einen viel höheren Betrag ausgestellt wurde.

Kurz vor oder nach Eingang des Schecks kommt ein verzweifelter Anruf des Sachbearbeiters mit der Bitte, den Differenzbetrag zurück zu überweisen. Pech hat wer darauf eingeht: Der Scheck ist meist nicht gedeckt, das auf dem Scheck angegebene Konto oder Kreditinstitut nicht existent. Wohl aber existierte das ausländische Konto, auf das der gutgläubige Vermieter den Überzahlungsbetrag überwiesen hat. Wenn der Betrug bemerkt wurde, ist das Konto aber längst geplündert oder das Geld wurde gleich zur Überweisung an ein in Bar auszahlendes Institut angefordert. Rückzahlung nicht nötig. Einziger Lichtblick für den betrogenen Vermieter: Die gebuchten Zimmer oder Wohnung werden nicht bezogen, sie können dann noch an ehrliche Kunden weitervermietet werden.

Operationsbasis für Kriminelle

Viele Hotels und Zimmervermieter bieten Ihren Kunden als Service einen kostenlosen Internetzugang. Häufig wird dazu der Unternehmenszugang ins Internet über einen offenen W-LAN Zugang realisiert, den alle Gäste nutzen können. Vielleicht freuen sich sogar noch Nachbarn über die gute Tat, die selbst nicht über einen eigenen Internetanschluss verfügen und das offene Netz nutzen können, das bis in ihre Wohnungen reicht.

Blankes Entsetzen überkam einen dieser serviceorientierten Vermieter, als plötzlich die Polizei vor der Tür stand und mit einem Schreiben der Staatanwaltschaft seine gesamte EDV-Anlage beschlagnahmte. Dadurch musste er seinen Betrieb für längere Zeit mehr oder weniger einstellen, waren doch die gesamte Buchhaltung, das Buchungssystem mit allen bisher bestehenden Buchungen für die Zukunft und die Kontaktdaten aller Kunden und Lieferanten auf dem PC.

Noch mehr staunte der arme Mensch als er hörte, was ihm zur Last gelegt wurde: Verbreitung von Kinderpornographie und zusätzlich noch – allerdings als vergleichsweise minder schweres Vergehen – illegale Downloads von Musik und Videos. Und er war sich keiner Schuld bewusst.

Was war geschehen? Nicht alle seiner Mieter und Nachbarn waren gesetzestreue Menschen. So nutzen sie den offenen Netzzugang, um ihren unseriösen Geschäften nachzugehen. Die Aktionen wurden auf den Inhaber des Internetanschlusses zurückverfolgt, der nun Hauptverdächtiger war. Die Strafe fiel verhältnismäßig milde aus, weil der Richter ein Einsehen mit dem leider etwas gutgläubigen Menschen hatte, der durch die Beschlagnahme seiner EDV massive Verdiensteinbußen erlitt. Der wahre Täter wurde nie gefasst.

Inzwischen entscheiden aber immer mehr Gerichte, dass der Bereitsteller des Internetzuganges auch dafür haftet, was seine Nutzer treiben. Es gibt Dienstleister, die mit Ihren Systemen für wenig Geld eigene Internetzugänge (Hot Spots) für Hotelgäste zur Verfügung stellen. Wer trotzdem wildfremden Menschen seinen Internetanschluss zur Verfügung stellen möchte, sollte wissen, wer ihn wann genutzt haben könnte. Sichern Sie in diesen Fällen den Zugang so ab, dass der Zugriff nur über die Eingabe eines Zugangscodes möglich ist, den sie dann an ihre Gäste geben. Der Code sollte mindestens monatlich geändert werden, damit er nicht im Laufe der Zeit allen bekannt ist und so indirekt doch wieder ein offenes W-LAN entsteht. Dokumentieren Sie, wer wann den Zugriffscode erhalten hat. Geben Sie an die Kunden Nutzungsbestimmungen heraus, und lassen Sie sich vor Herausgabe des Codes unterschreiben, dass keine illegalen Inhalte über den Anschluss herunter geladen und verbreitet werden. Damit sind sie zwar rechtlich nicht auf der ganz sicheren Seite, haben ggf. aber den Kreis der Verdächtigen eingeschränkt.

Sie haben nur einen privaten Internetanschluss? Vorsicht! Das Schicksal unseres gutgläubigen Vermieters kann auch Privatpersonen ereilen, die ihren Internetanschluss als offenes W-LAN betreiben. Für private offene W-LANs hat der Bundesgerichtshof inzwischen entschieden, dass der Accountinhaber seinen Zugang schützen und jedem zulässigen Nutzer einen Zugangscode geben muss, damit nachvollziehbar ist, wer das Netz genutzt hat.

Tausche Geschenk gegen Daten

Der moderne Mensch ist noch immer Jäger und Sammler. Die mit Werbegeschenken gut gefüllten Tragetaschen der Besucher von Messen zeigen es immer wieder.

Diese Sammelwut machen sich viele Unternehmen und auch schwarze Schafe zu Nutze, indem sie Tauschgeschäfte anbieten: Damit es ein Werbegeschenk gibt, muss der Interessent erst einmal seine Adresse und Telefonnummer in ein Formular eingeben. Irgendwo im Kleingedruckten steht dann, dass das Unternehmen damit die Erlaubnis erhält, dem Interessenten mindestens einen Newsletter zuzusenden oder besser noch, ihm Information zu Produkten und Dienstleistungen schriftlich und per Telefon zu unterbreiten. Meist wird auch noch davon Gebrauch gemacht, die Daten an Partnerunternehmen weiterzugeben, damit auch die maßgeschneiderte Angebote machen können – Die klassische Einwilligung der Nutzung der Daten zu Werbezwecken also.

Dieser Einwilligung zu Werbezwecken kann jederzeit widersprochen werden. Das wissen leider nur Wenige und so ärgern sie sich über mit Altpapier überquellende Briefkästen und Anrufe abends zur besten Sendezeit. Machen Sie stattdessen doch mal von Ihrem Recht auf Werbewiderspruch Gebrauch!

Gern wird auch versucht, auf diese Art die Daten von Freunden und Bekannten der Beschenkten zu erhalten: „Sie kennen jemanden, für den unser Produkt interessant sein könnte? Bitte geben Sie uns doch seine E-Mail Adresse, seine Postanschrift und seine Telefonnummer, damit wir ihm passende Informationen zusenden oder ihn am Telefon beraten können." Vorsicht: Es gibt ein Recht auf informationelle Selbstbestimmung. Jeder entscheidet selbst, wem er seine Daten geben möchte. Diese Übermittlung von Daten ist nicht zulässig. Oder haben Sie sich vorab die schriftliche Einwilligung ihrer Kontakte eingeholt, damit sie munter mit ihren Daten handeln dürfen?

Ganz geschickte schwarze Schafe erhalten im Tausch von Kleinigkeiten wie Kugelschreibern und USB-Sticks sogar Informationen wie Benutzernamen und Passworte von Firmenzugängen oder Internetkonten sowie die Bankverbindung oder Kreditkartennummern einschließlich Geheimzahlen. An den Haaren herbei gezogen? Wohl kaum. Diverse Studien bestätigen dies.

Gefährliche Fundsachen

Die Sammelleidenschaft und Freude über kostenlose Errungenschaften führt auch zu einer weiteren Art des Datenklaus: Manipulierte USB-Sticks werden verschenkt oder bei Unternehmen sowie an anderen gut besuchten Plätzen verloren. Die glücklichen Finder schließen die Datenträger meist ziemlich schnell an ihren eigenen PC oder an den PC am Arbeitsplatz an, ohne sich Gedanken über die möglichen Folgen zu machen. Diese Fundsachen enthalten oft Schadsoftware wie z.B. Trojaner, die auf den PC's gespeicherte Zugangsdaten an ihren Erzeuger senden, sobald eine Verbindung zum Internet vorhanden ist.

Die Pokerrunde

Es muss nicht unbedingt Poker sein, inzwischen gibt es Spiele für jeden Geschmack im Internet oder als Applikationen in sozialen Netzwerken. Viele dieser Spiele sind kostenlos. Doch irgendwann erreicht der Spieler seine Grenzen: Bei den meisten Spielen wird Energie benötigt. Die steht beim kostenlosen Spiel täglich nur begrenzt zur Verfügung.

Außerdem erreicht man höhere Level in den Spielen meist nur mit der Unterstützung von

Freunden. Damit wird der Spieler verleitet, entweder sein gesamtes soziales Netzwerk offen zu legen, oder Kontakte zu Menschen zu knüpfen, die auch spielen und ansonsten völlig unbekannt sind. Selbst wenn die Privatsphäre-Einstellungen in dem Netzwerk so gewählt werden, dass nur Freunde die Postings sehen, sind sie durch die zahlreichen unbekannten Freunde mehr oder weniger jedem zugänglich.

Wenn man nun nicht ausreichend Freunde hat, oder mehr Energie für das Spiel benötigt, kann man das Gewünschte auch für Bares kaufen. Die Zahlung ist einfach: Entweder lässt man sich den Betrag von der Kreditkarte abbuchen oder zahlt per Handy. Damit hat der Spielanbieter schon einmal Kreditkartendaten oder Handynummern zusammen mit einem Spielerprofil. Er weiß, welche Spiele gespielt werden: Abenteuer, Puzzle, Poker, Bau von Städten oder ähnliches, er kennt die Mitspieler, sprich das soziale Netzwerk und hat auch die Möglichkeit auszuwerten, wie der Spieler seine Spielobjekte benennt oder welche Objekte er bevorzugt in den Spielen nutzt und erwirbt. Daraus lassen sich sicher interessante Persönlichkeitsprofile erstellen.

Außerdem dienen die Spielanbieter auch als Marketing- und Vertriebskanäle von Unternehmen: Virtuelles Geld für seine Spiele erhält man beispielsweise auch, wenn man sich über die Spielplattform für einen Newsletter eines Unternehmens registrieren lässt oder sogar über die Spielplattform bei einem Versandhandel für einen Mindestbestellwert reale Waren ordert. Mit diesen Informationen ist das Profil des Spielers schon wieder um einige Daten reicher und für den Spielanbieter wertvoller.

Da bei vielen Spielen auch für zahlreiche Aktionen – wie das Erreichen eines höheren Levels und Hilfeanfragen an Freunde – allgemein sichtbare Meldungen veröffentlicht werden, weiß Gott und die Welt, was der Spieler in seiner Freizeit oder möglicherweise sogar in seiner Arbeitszeit so treibt. Fehlende Spielemeldungen regelmäßig aktiver Spieler deuten für den findigen Einbrecher dann auf Urlaubszeiten und mögliche Abwesenheiten von der Wohnung hin, so dass sie wissen, wann ein Einbruch in die reale Wohnung relativ sorglos möglich ist.

Die gebürtige Nordfriesin Birgit Pauls arbeitet als selbstständige Unternehmensberaterin für Datenschutz. Um einen angemessenen, praktikablen sowie gleichzeitig qualitativ hochwertigen Datenschutz für Unternehmen und Bürger zu erreichen, engagiert sie sich in Arbeitskreisen und Fachverbänden zum Datenschutz und schreibt seit 2007 Fach- und Sachbücher zum Datenschutz.

Kontakt E-Mail: info@birgitpauls.de

www.ingramcontent.com/pod-product-compliance
Lightning Source LLC
Chambersburg PA
CBHW072341270726
48659CB00023B/2144